SYLLABAIRE

des

LECTURES GRADUÉES

POUR

LES ENFANS DU PREMIER AGE,

PAR L'ABBÉ GAULTIER.

NOUVELLE ÉDITION, REVUE ET ILLUSTRÉE.

Paris,

CHEZ JULES RENOUARD ET Cⁱᵉ,

ÉDITEURS-PROPRIÉTAIRES DES OUVRAGES DE L'ABBÉ GAULTIER,

Rue de Tournon, n. 6.

—

1840.

Le cours d'études élémentaires pour les enfans, par l'Abbé GAULTIER, comprend la *Lecture* ; l'*Écriture* ; l'*Arithmétique* ; la *Géométrie* ; les *Langues française, latine, italienne* ; la *Géographie* ; la *Chronologie et l'Histoire* ; l'*Art de penser et d'écrire* ; la *Musique* ; etc., etc., et se compose de 22 volumes in-18, 6 volumes in-12, 7 cahiers in-folio et plusieurs boîtes et étuis.

Le Cours complet renfermé dans une boîte, et pris en une seule fois, coûte 70 francs au lieu de 82 fr.

(Chaque ouvrage se vend aussi séparément.)

[SYL]LABAIRE

des

LECTURES GRADUÉES

pour

LES ENFANTS DU PREMIER AGE,

PAR L'ABBÉ GAULTIER.

NOUVELLE ÉDITION, REVUE ET ILLUSTRÉE.

(*Premier cahier du Tome 1 des lectures graduées*).

Paris,

CHEZ JULES RENOUARD ET Cⁱᵉ,

PROPRIÉTAIRES DES OUVRAGES DE L'ABBÉ GAULTIER,

Rue de Tournon, n. 6.

—

1840

INTRODUCTION.

→→⇉➔◯⅜⸨⸨⸨←

Les Lectures graduées ne font, pour ainsi dire, qu'une suite du Petit-Livre des Enfans de Trois Ans, imité de l'Anglais, que l'abbé Gaultier publia à Paris en 1786. Ce petit ouvrage fut bien accueilli en France. C'était le premier qui montrait l'art de parler aux enfans du premier âge.

Les Anglais ont senti de bonne heure l'utilité de cet art trop négligé ailleurs ;

et ils l'ont porté ensuite à une grande perfection. Aussi l'abbé Gaultier a-t-il cru ne pouvoir rien faire de mieux que de profiter de leurs productions. Quelquefois il a imité ces modèles, d'autres fois il les a traduits. Mais il s'est fait une étude particulière de de ne mettre dans chaque volume que des choses à la portée de l'âge auquel ce volume est destiné. On sait que les écrivains les plus estimables n'ont pas toujours observé dans leurs recueils cette graduation si nécessaire. A côté d'un conte enfantin, ils ont placé quelquefois un drame, un trait de morale, qui ne peuvent intéresser que des jeunes gens dont le jugement est plus formé. On ne trouvera au contraire dans ce recueil que de petites histoires dont le héros a toujours le même âge que l'enfant auquel on le présente.

Dans ces Lectures l'auteur fait connaître aux Enfans, non seulement une infinité d'objets utiles, tels que la *Moisson*, le *Verger*, la *Vendange*, etc. ; mais encore les premiers principes de la morale et les premières règles d'une sage conduite. Des personnages qui figurent dans une *Lanterne Magique*, des acteurs qui jouent sur un théâtre d'*Enfans de Bois*, des images que vient vendre un *Marchand d'Estampes*, des *Enfans Malades*, soignés dans un *Hospice*, etc. ; tous ces sujets vus dans des cadres nouveaux sont propres à faire une forte impression sur l'esprit des Enfans, à les préserver de plusieurs défauts, et à les rendre attentifs aux dangers de différentes espèces, auxquels leur étourderie et leur inexpérience les exposent journellement.

Enfin, on a eu le soin de faire mettre en caractères italiques, dans chaque paragraphe, un certain nombre de mots exprimant un rapport de grammaire, pour que les Enfans, lorsqu'ils commencent à connaître la théorie de ce rapport, puissent en trouver sus-le-champ les applications toutes faites. (Voyez les *Leçons de Grammaire en action*, par l'abbé Gaultier.)

Ces mêmes caractères italiques auront, en outre, l'avantage de préparer insensiblement les Enfans à la connaissance de l'*Ecriture Cursive*, dont nous avons publié un petit Traité. D'après cette méthode suivie avec succès dans les Écoles Élémentaires fondées sur l'enseignement mutuel, tout enfant, exercé d'abord à tracer avec le crayon un certain nombre de lettres et de syllabes sur une ardoise, finit par écrire très-proprement et en très-peu de temps des mots et des phrases entières sur du papier.

LA MÉTHODE

POUR APPRENDRE A LIRE.

CE serait sans doute rendre un grand service aux Enfans que de trouver une Méthode par laquelle ils pussent apprendre à lire sans dégoût.

La Méthode assez connue du Bureau Typographique peut paraître longue à quelques personnes, mais du moins elle ne retarde pas les Enfans pour l'orthographe :

elle la leur apprend au contraire assez bien.

C'est celle que nous avons suivie, et comme nous lui avons donné la forme d'un jeu, elle paraît réunir tous les avantages. Des pères et mères, des instituteurs éclairés, tous ont trouvé qu'elle est simple, qu'elle est à la portée de tous les esprits, qu'elle intéresse l'amour-propre des Enfans, et leur épargne le dégoût qui accompagne le travail épineux et rebutant de la lecture.

Dans la *Boîte Typographique* de ce jeu, on trouvera les explications nécessaires pour conduire clairement les élèves d'une leçon à une autre. Nous nous bornerons à faire ici quelques réflexions générales sur la méthode elle-même, et sur les moyens les plus propres à la faire suivre avec fruit.

On sait que les Enfans ont besoin d'agir, et que ce besoin est encore plus fort en eux lorsqu'on commence à les fixer par des leçons. On ne sera donc pas surpris si, par cette Méthode, qui tient dans une activité continuelle les yeux et les mains des Enfans, on les voit souvent travailler plus long-temps encore qu'on ne peut l'attendre d'eux ordinairement.

Nous recommandons surtout la justice et l'exactitude la plus scrupuleuse dans la distribution des jetons. Que l'enfant en reçoive toujours un quand il a bien répondu, et qu'il en paie un quand il s'est trompé.

1.

Si quelqu'un demande comment ces jetons peuvent intéresser asséz les Enfans, pour les faire travailler, même dans l'âge le plus tendre, on le prie de consulter l'expérience. Elle seule pourra lui démontrer les avantages véritablement surprenans qu'un maître un peu habile peut en retirer.

On sait qu'il y a cent manières différentes d'intéresser l'Enfant. Par exemple : tantôt on aura l'air de vouloir le faire tromper pour lui gagner un jeton, en le faisant passer rapidement d'une syllabe, ou d'un mot à un autre ; tantôt on profitera du moment où il est le plus curieux d'apprendre la réponse à quelque question qu'il aura faite, et on ne lui répondra que par les lettres de

la boîte, en lui promettant un certain nombre de jetons, s'il déchiffre
bien la réponse. La position du
corps et la figure animée de l'Enfant,
qui se livre à ce travail, forment
souvent un tableau tout-à-fait inté-
ressant. On l'engagera aussi quelquefois à composer sa question par
écrit, et on lui offrira alors un nombre plus considérable de jetons.

Ce qu'on ne saurait trop recom-
mander, c'est d'accoutumer les Enfans à bien prononcer chaque syllabe et chaque mot. Les maîtres et les
parens trouveront ici les règles les
plus générales des longues et des brè-
ves, données par l'abbé d'Ollivet.

RÈGLES.

I. Toute syllabe dont la dernière

voyelle est suivie d'une consonne finale, qui n'est ni S ni Z, est brève. Ex. — *Sac, nectar, sel, fil, pot, tuf.*

II. Toute syllabe masculine, qu'elle soit brève ou non, au singulier, est toujours longue au pluriel. Ex. — ***Des sacs, des sels, des pots.***

III. Tout singulier masculin dont la finale est la même au pluriel, est longue. Ex. — Le *temps,* le *nez.*

IV. Quand un mot finit par L mouillée, la syllabe est brève. Ex. — *Éventail, avril, fauteuil.*

V. Toutes les syllabes nasales, suivies d'une consonne qui n'est ni M ni N, et qui commence une au-

tre syllabe, sont longues. Ex. —
Jambe, jambon, crainte, trembler, peindre, joindre, tomber, humble.

VI. Toute voyelle suivie de deux M ou de deux N est brève, demeure muette, et n'est jamais nasale. Ex. — *Epigramme, personne.*

VII. Deux R qui ne forment qu'un son indivisible, rendent toujours longue la syllabe précédente. Ex.—*Arrét, barre, bizarre, tonnerre.*

VIII. Entre deux voyelles dont la dernière est muette, les lettres S ou Z allongent la syllabe. Ex. — *Base, extase, diocèse, il pèse, bétise, franchise, rose, épouse, ruse, recluse.*

IX. Les lettres R et S prononcées, qui suivent une voyelle, et précèdent une autre consonne, rendent la syllabe toujours brève. Ex. — *Barbe, barque, berceau, informe, ordre, jaspe, burlesque, funeste, piste, risque, poste, brusque.*

X. Tous les mots qui finissent par un E muet, immédiatement précédé d'une voyelle, ont leur pénultième longue. Ex. — *Pensée, armée, joie,* je *lie,* j'*envoie,* je *joue,* je *noue,* je *rue.*

XI. Quand une voyelle finit la syllabe, et qu'elle est suivie d'une autre voyelle, qui n'est pas l'E muet, la syllabe est brève. Ex. — *Féal, action, haïr, doué, tuer.*

SYLLABAIRE.

AIGLE.

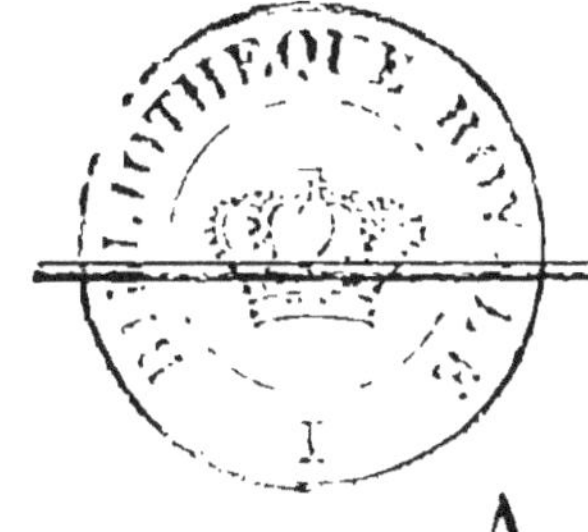

A a   *A a*

A a

A a

BUTOR.

B b   *B b*

ℬ ℓ   𝔙 𝔟

𝔅 𝔥

C

CHIEN.

C c   *C c*

C c   C c

C c

D

DROMADAIRE.

D d *D d*

D d *D d*

D d

ÉLÉPHANT.

E e   *E e*

E e   *E e*

𝕰 e

F

FOUINE.

F f   *F f*

F f   *F f*

𝔉 𝔣

GRENOUILLES.

G g   G g

G g   *G g*

G g

H

HIBOU.

H h   *H h*

H h   H h

H h

I

IBIS.

I i   *I i*

I i   *I i*

I i

2

JABIRU.

J j J j

J j J j

J j

KANGUROO.

K k   *K k*

K k   *K k*

𝔎 k

LYRE.

L l   *L l*

L l   *L l*

𝕷 𝕴

M

MOUTON

M m *M m*

M m M m

M m

2.

NADU.

N n   *N n*

N n   *N n*

𝕹 𝖓

OURS

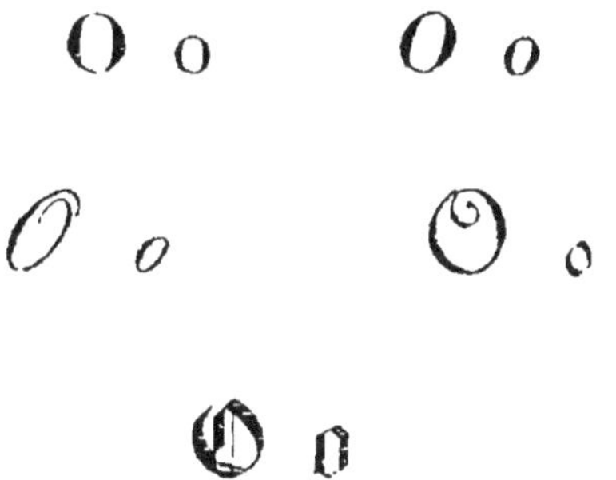

PANTHÈRE.

P p   *P p*

P p   *P p*

𝔓 𝔭

QUEREIVO.

Q q   Q q

Q q   Q q

Q q

RENARD.

R r *R r*

R r *R r*

R r

SINGE.

S s   S s

S s   S s

S s

T

TORTUE.

T t *T t*

T t *T t*

T t

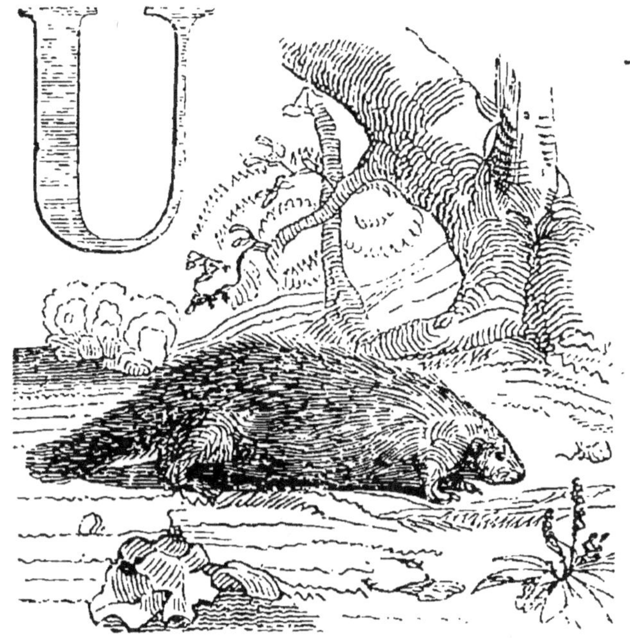

URDON.

U u   *U u*

U u   *U u*

U u

3

V

VACHE.

V v *V v*

V v *V v*

𝔙 𝔳

WHITE-PATOROO.

XANDARUS.

X x   *X x*

X x   *X x*

X x

YAPOCK.

Y y   *Y y*

Y y   Y y

Y y

ZÉBU.

Z z   Z z

Z z   Z z

Z z

VOYELLES.

A E I O U Y

a e i o u y

CONSONNES.

B C D F G H J

b c d f g h j

K L M N P Q R

k l m n p q r

S T V W X Z

s t v w x z

SYLLABES.

ab	eb	ib	ob	ub
ac	ec	ic	oc	uc
ad	ed	id	od	ud
af	ef	if	of	uf
ag	eg	ig	og	ug
ak	ek	ik	ok	uk
al	el	il	ol	ul
am	em	im	om	um
an	en	in	on	un
ap	ep	ip	op	up
aq	eq	iq	oq	uq
ar	er	ir	or	ur
as	es	is	os	us
at	et	it	ot	ut

av	ev	iv	ov	uv
ax	ex	ix	ox	ux
az	ez	iz	oz	uz

—◦◦◦◦ ✸ ◦◦◦◦—

ba	be	bi	bo	bu
ca	ce	ci	co	cu
ka	ke	ki	ko	ku
qua	que	qui	quo	quu
da	de	di	do	du
fa	fe	fi	fo	fu
pha	phe	phi	pho	phu
ga	ge	gi	go	gu
ha	he	hi	ho	hu
ja	je	ji	jo	ju
la	le	li	lo	lu
ma	me	mi	mo	mu

na	ne	ni	no	nu
pa	pe	pi	po	pu
ra	re	ri	ro	ru
rha	rhe	rhi	rho	rhu
sa	se	si	so	su
ta	te	ti	to	tu
tha	the	thi	tho	thu
va	ve	vi	vo	vu
xa	xe	xi	xo	xu
za	ze	zi	zo	zu

---

bla	ble	bli	blo	blu
bra	bre	bri	bro	bru
cha	che	chi	cho	chu
cla	cle	cli	clo	clu
cna	cne	cni	cno	cnu

cra	cre	cri	cro	cru
cta	cte	cti	cto	ctu
dra	dre	dri	dro	dru
fra	fre	fri	fro	fru
phra	phre	phri	phro	phru
fla	fle	fli	flo	flu
phla	phle	phli	phlo	phlu
gla	gle	gli	glo	glu
gna	gne	gni	gno	gnu
gra	gre	gri	gro	gru
mna	mne	mni	mno	mnu
pla	ple	pli	plo	plu
pna	pne	pni	pno	pnu
pra	pre	pri	pro	pru
psa	pse	psi	pso	psu
pta	pte	pti	pto	ptu
sba	sbe	sbi	sbo	sbu
sca	sce	sci	sco	scu

sfa	sfe	sfi	sfo	sfu
sla	sle	sli	slo	slu
sma	sme	smi	smo	smu
sna	sne	sni	sno	snu
spa	spe	spi	spo	spu
sta	ste	sti	sto	stu
tla	tle	tli	tlo	tlu
tma	tme	tmi	tmo	tmu
vra	vre	vri	vro	vru

scla	scle	scli	sclo	sclu
scra	scre	scri	scro	scru
sfra	sfre	sfri	sfro	sfru
spla	sple	spli	splo	splu
stra	stre	stri	stro	stru

VOYELLES DOUBLES.

eu	ou	oi
euc	ouc	oic
eul	oul	oil
euſ	ouſ	oiſ
eur	our	oir
beu	bou	boi
ceu	cou	coi
deu	dou	doi
ſeu	fou	foi
...	gou	goi
jeu	jou	joi
heu	hou	hoi

eu	ou	oi
leu	lou	loi
meu	mou	moi
neu	nou	noi
peu	pou	poi
reu	rou	roi
seu	sou	soi
teu	tou	toi
veu	vou	voi
xeu	xou	xoi
yeu	you	yoi
zeu	zou	zoi

bleu	blou	bloi
breu	brou	broi
cheu	chou	choi
cleu	clou	cloi

eu	ou	oi
creu	crou	croi
dreu	drou	droi
fleu	flou	floi
freu	frou	froi
gleu	glou	gloi
gneu	gnou	gnoi
greu	grou	groi
pleu	plou	ploi
preu	prou	proi
pseu	psou	psoi
speu	spou	spoi
steu	stou	stoi
treu	trou	troi
vreu	vrou	vroi

———

scleu	sclou	scloi
screu	scrou	scroi

eu	ou	oi
sfreu	sfrou	sfroi
spleu	splou	sploi
spreu	sprou	sproi
streu	strou	stroi

VOYELLES NASALES.

an	in	on	uñ
ban	bin	bon	bun
dan	din	don	dun
fan	fin	fon	fun
gan	gin	gon	gun
jan	jin	jon	jun
kan	kin	kon	kun
lan	lin	lon	lun
man	min	mon	mun
nan	nin	non	nun
pan	pin	pon	pun

an	*in*	*on*	*un*
ran	rin	ron	run
san	sin	son	sun
tan	tin	ton	tun
van	vin	von	vun
xan	xin	xon	xun
zan	zin	zon	zun

—◦◦◦◦❊◦◦◦◦—

blan	blin	blon	blun
bran	brin	bron	brun
chan	chin	chon	chun
clan	clin	clon	clun
cran	crin	cron	crun
dran	drin	dron	drun
flan	flin	flon	flun
fran	frin	fron	frun
glan	glin	glon	glun

an	*in*	*on*	*un*
gnan	gnin	gnon	gnun
gran	grin	gron	grun
plan	plin	plon	plun
pran	prin	pron	prun
psan	psin	pson	psun
span	spin	spon	spun
stan	stin	ston	stun
tran	trin	tron	trun
vran	vrin	vron	vrun

—⁕—

sclan	sclin	sclon	sclun
scran	scrin	scron	scrun
sfran	sfrin	sfron	sfrun
splan	splin	splon	splun
spran	sprin	spron	sprun
stran	strin	stron	strun

PRONONCIATION

DES VOYELLES.

VOYELLES SIMPLES.

a	patte.	*i*	difficile.
â	pâte.	*î*	gîte.
e	confiture.	*o*	dévote.
é	félicité.	*ô*	côte.
ê	tempête.	*u*	prudent.
è	mère.	*û*	flûte.

VOYELLES COMPOSÉES.

A.

écrivez: *prononcez:*

ao paon. . . . pan.

écrivez :		*prononcez :*
ea	il mangea. .	il manja.
ua	il brigua.. .	il briga.
ai	douairière..	douarière.
em	femme. . .	fame.
he	hennir.. . .	hannir.

É.

œ	OEdipe. . .	Édipe.
ai	je dînai. . .	je diné.
eai	je jugeai.. .	je jugé.
ay	un paysan. .	un péïsan.
	une abbaye.	une abbéïe.

È.

ai	maison. . .	mèson.
aie	plaie. . . .	plèe.
	il paie.. . .	il peie.
ay	essayer. . .	esseïer.
ei	peine. . . .	pène.
ai	faible. . . .	fèble.

écrivez :	*prononcez :*
oie monnoie.. .	monnè.

I.

| *ie* il niera. . . | il nira. |
| *y* tyr. . . . . . | tir. |

O.

ao la Saône.. .	la Sône.
eo mangeons. .	manjons.
oi oignon. . .	ognon.
au noyau.. . .	noyô.
eau chapeau.. .	chapô.

U.

| *eu* gageure. . . | gajûre. |
| j'ai eu.. . . . | j'ai u. |

EU.

| *œ* œil. . . . . | euil. |
| *œu* vœu, œuf. . | veu, euf. |

OU.

| *écrivez :* | *prononcez :* |

aou août. . . . . ou.

saouler. . . souler.

OI.

eoi je surseois.. je sursois.

VOYELLES NASALES.

AN.

en enlevé. . . . anlevé.

ean Jean. . . . Jan.

aen Caen. . . . Can.

aon faon. . . . fan.

IN.

en chien, rien. chi-in, ri-in.

ain pain, main. pin, min.

ein frein. . . . frin.

écrivez: *prononcez:*

ON.

eon pigeon... . pijon.

UN.

eun à jeun.. . à jun.

DIPHTHONGUES.

Les Diphthongues sont des assemblages de plusieurs voyelles qui expriment un son double, et qui néanmoins se prononcent par une seule émission de la voix : Telles sont :

ia   fiacre, naïade, pléïades.

ie   pièce, amitié, miel.

io   fiole, babioles, pioche.

iau   miauler, bestiaux.

ieu   Dieu, lieux, vieux.

iou	chiourme.
ian	châtiant.
ient	patient.
ien	bien, tiendra, il vient.
ion	lion, portion, question.
oe	moelle.
oin	loin.
ouin	babouin.
ouan	louange.
ouen	Rouen.
oua	rouage.
oue	fouetter, mouette.
oui	enfoui, fouine.
ua	nuage, il continua.
ue	continué, écuelle.
ui	lui, muid, je suis.
uin	juin, suinter.

PRONONCIATION

DES CONSONNES.

EXEMPLES DE MOTS

dont la consonne finale ne se prononce pas.

B.

Plomb (*prononcez*) plon.

C.

Clerc, porc, croc, jonc, marc, blanc, il vainc, estomac, tabac.

4

— *Cler, por, cro, jon, mar, blan, il vain, estoma, taba.* —

D.

Chaud, lard, gland, il rend, bled, pied, nid, gond, blond, froid, bord, sourd, il moud, il coud, muid. — *Chau, lar, glan, il ren, blé, pié, ni, gon, blon, froi, bor, sour, il mou, il cou, mui.*

F.

Le cerf, chef-d'œuvre, nerf de bœuf, œuf rouge, neuf louis. — *Le cer, ché-d'œuvre, nér de bœuf, œu rouge, neu louis.*

G.

Sang, rang, hareng, seing, poing, long. — *San, ran, haren, sein, poin, lon.*

L.

Gril, fusil, baril, chenil, outil, saoul. — *Gri, fusi, bari, cheni, outi, sou,*

P.

Drap, sept fois, sept îles, trop, loup, coup. — *Dra, sè foi, set île, tro, lou, cou.*

Q.

Coq d'Inde, cinq mille. — *Co-d'Inde, cin mille.*

R.

Aimer, boulanger, monsieur. —
Aimé (devant une consonne) *bou-
langé, mocieu.*

S.

Bas, pas, gras, tu aimes, les
roses, les prés, tapis, souris, fleur
de lis, os, gros, je bus, jus, les
clous, les trous, bois, trois, je vou-
lais, mais, les rubans, les pans,
gens, sens, les vins, les pains. —
*Ba, pa, gra, tu aime, lè rose,
lè pré, tapi, souri, fleur de li, o,
gro, je bu, ju, lè clou, lè trou,
boi, troi, je voulai, mai, lè ru-*

ban, lè pan, gen, sen, lè vin, lè pin.

T.

Chocolat, bonnet et gilet, il fit, nuit, rabot, pot, but, il plut, il fait, enfant, chant, il plaint, saint, art, défaut, il vaut, il feint, il peint, il pleut, il veut, il soit, il parlait, ils ont, ils font, sort, fort, bout, tout, défunt. — *Chocola, bonnè è gilè, il fi, nui, rabo, po, bu, il plu, il fai, enfan, chan, il plain, sain, ar, défau, il vau, il fein, il pein, il pleu, il veu, il soi, il parlai, il-z-on, il fon, sor, for, bou, tou, défun.*

4.

X.

Six plumes, flux, reflux, paix, faix, les noyaux, les eaux, les feux, les jeux, noix, voix, courroux, choux, toux, doux. — *Si plume, flu, reflu, pai, fai, lè noyau, lè-z-eau, lè feu, lè jeu, noi, voi, courrou, chou, tou, dou.*

Z.

Nez, chez, assez, vous jouez, riz. — *Né, ché, assé, vou joué, ri.*

EXEMPLES DE MOTS

où la consonne, au commencement ou au milieu du mot, ne se prononce pas.

———⊶⊷⊷❋⊶⊷———

C.

Acquérir *(prononcez)* *aquérir.*

G.

Signet. — *Sinet.*

H.

L'homme, le hérisson, Chloris, Arachné, chrétien, le Christ, rhétorique, méthode. — *L'omme, le érisson, Cloris, Aracné, crétien, le Crist, rétorique, métode.*

M.

Automne, damnation. — *Autone, danation.*

N.

Monsieur. — *Mocieu.*

P.

Baptême. — *Batéme.*

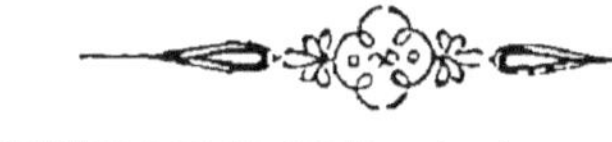

EXEMPLES DE MOTS

*où une consonne double se prononce
comme simple.*

écrivez:		prononcez:
bb	abbé	abé.
cc	accabler. . . .	acabler.
ff	affaiblir. . . .	afaiblir.
ll	allumer. . . .	alumer.
mm	commettre. . .	comettre.
nn	anneau	aneau.
pp	opposer.	oposer.
rr	arroser. . . .	aroser.
ss	ressembler. . .	re-sembler.
tt	il attira. . . .	il atira.

EXEMPLES DE MOTS

où les deux consonnes finales ne se pro-
noncent pas.

—◆◇◆—

	écrivez :	prononcez :
ach	almanach. . .	almana.
cs	lacs (lacet). .	la.
ct	instinct. . . .	instin.
ds	poids.	poi.
s	les bœufs. . .	les bœu.
gs	legs.	lè.
gt	vingt, doigt. .	vin, doi.
ls	pouls.	pou.
lx	faulx.	fau.
nt	ils pensent. . .	il pense.
ps	corps.	cor.
pt	sept louis. . .	sè louis.
st	il est.	il è.
	Jésus-Christ. .	Jésu-Cri.
th	goth.	go.

—◆◇❀◇◆—

EXEMPLES DE MOTS

où les consonnes changent de prononciation.

	écrivez :	prononcez :
c	second. . . .	segon.
ch	drachme. . .	drame.
cha	eucharistie. .	eukaristie.
che	orchestre . .	orkestre.
chi	chiragre. . .	kiragre.
cho	anachorète. .	anakorète.
chu	catéchumène.	catécumène.
chœ	chœur. . . .	keur.
ça	il plaça. . . .	il plassa.
ço	façon.	fasson.
çu	reçu.	ressu.
d	grand ami. .	grant ami.
f	neuf ans. . .	neuv ans.
g	sang et eau. .	sank et eau.
	régnicole. . . .	reg-nicole.

	écrivez :	prononcez :
g	Prognée. . . .	Prog-né.
l	sol, col. . . .	sou, cou.
ll	vaillant. . . .	va-ian.
	béquille. . . .	békille.
m	jambon. . . .	janbon.
	parfum. . . .	parfun.
	faim, daim. .	fain, dain.
	emmener. . . .	anmener.
mp	champ.	chan.
mps	temps.	tan.
mpt	exempt.. . . .	exan.
	prompt. . . .	pron.
	compte. . . .	conte.
n	amen.	amène.
ph	Joseph.. . . .	Josef.
	Philippe. . . .	Filippe.
qu	équateur.. . .	écouateur.

	écrivez :	prononcez :
	équestre	écuestre.
	équilatéral.	écuilatéral.
s	raison.	raizon.
	oser, user.	ozer, uzer.
	vis-à-vis.	viz-à-vi.
sc	science.	siance.
	schisme.	chisme.
tia	il balbutia.	il balbucia.
tie	minutie.	minucie.
tio	transition.	tranzicion.
tieu	factieux.	fac-cieu.
W	Westphalie.	Vestfali.
x	sexe.	secse.
	sixième.	sizième.
	exemple.	egzample.